SÉQUESTRE

Raoul HEILBRONNER

SÉQUESTRE

Raoul HEILBRONNER

CONDITIONS DE LA VENTE

La vente sera faite au comptant.

Les acquéreurs paieront **17 fr. 50 pour cent** en sus des enchères.

Vu le caractère judiciaire de la vente, aucune réclamation, pour quelque cause que ce soit, ne sera admise après l'adjudication.

ORDRE DES VACATIONS

Le Lundi 23 Janvier 1922

	Numéros
Céramique	1 à 16
Terres émaillées des Robbia	17 à 26
Émaux champlevés et peints de Limoges	27 à 37
Ivoires	38 à 45
Bijoux en or émaillé	46 à 70
Orfèvrerie	71 à 91
Bronzes et Cuivres	92 à 118
Sculptures	119 à 143

Le Mardi 24 Janvier 1922

Tableaux	144 à 151
Vitraux	152 à 158
Objets variés	159 à 167
Fers forgés	168 à 180
Cadres	181 à 186
Bois sculptés	187 à 200
Boiseries	201 à 219
Meubles et Sièges	220 à 257
Vitrine	258
Tapisseries	259 à 276
Tapis	277 à 281

Paris. — Imp. Georges Petit. — 862-22.

OBJETS D'ART

ET DE HAUTE CURIOSITÉ

Principalement du Moyen Age et de la Renaissance

FAIENCES — CUIVRES — BRONZES — IVOIRES

Terres émaillées des Robbia

ÉMAUX CHAMPLEVÉS ET PEINTS DE LIMOGES

BIJOUX ÉMAILLÉS, ORFÈVRERIE

VITRAUX — BOIS SCULPTÉS — SCULPTURES — FERS FORGÉS

TABLEAUX PRIMITIFS

Meubles, Sièges, Boiseries

TAPISSERIES GOTHIQUES ET RENAISSANCE

TAPIS

COMPOSANT LES

Collections de M. Raoul HEILBRONNER

Ayant fait l'objet d'une mesure de séquestre de guerre

DONT LA TROISIÈME VENTE AUX ENCHÈRES PUBLIQUES

AURA LIEU A PARIS

HOTEL DROUOT, SALLE N° 6

Les Lundi 23 et Mardi 24 Janvier 1922

à deux heures

Par le Ministère de **M° A. DESBLEUMORTIERS,** LIQUIDATEUR

14, rue Monsieur-le-Prince, 14

Assisté du **PRÉSIDENT DES COMMISSAIRES-PRISEURS,** ADJOINT-TECHNIQUE

et de **M. HENRI LEMAN,** EXPERT

37, rue Laffitte, 37

EXPOSITION PUBLIQUE : le Dimanche 22 Janvier 1922, de 2 h. à 6 h.

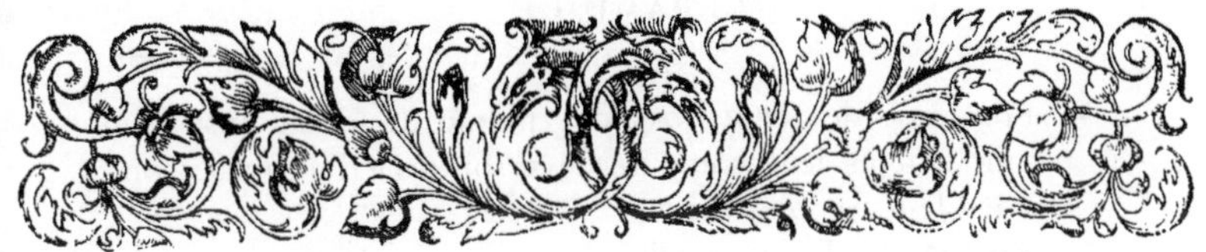

Objets d'Art et de Haute Curiosité

CÉRAMIQUE

1 — Plat rond, en ancienne faïence italienne, décoré, en plein, d'un buste de guerrier, casqué et cuirassé, tourné de profil à gauche. Sur une banderole, l'inscription « Catone bello ».

2 — Fond de plat en ancienne faïence italienne, présentant un buste de guerrier, casqué, tourné de profil vers la gauche. Sur une banderole, l'inscription « Pompe ».

Cadre en bois sculpté et doré, à décor de fruits et de feuillages.

3 — Très petit vase en ancienne faïence italienne, à décor de fleurs en couleurs sur fond bleu et d'une banderole à inscription.

xvi siècle.

4 — Petit plat en ancienne faïence italienne, orné, au centre, d'une figure allégorique : la Fortune, debout sur la roue. Au marli, un écusson d'armoiries et des dragons.

Diam., 235 millim.

5 — FONTAINE de forme ovoïde, munie de deux anses en
forme de têtes de lion et d'un déversoir orné d'un mascaron.
Décor bleu sur fond blanc.

Savone, fin du XVI⁰ siècle.

Haut., 55 cent.

6 — CORNET en ancienne faïence italienne, décoré d'un
médaillon avec monogramme et de grosses feuilles polychromes.

Haut., 20 cent.

7 — CORNET en ancienne faïence italienne, décoré, sur la face,
d'un médaillon ovale présentant un saint moine nimbé,
tenant une palme. Au pourtour, feuillages polychromes.

Haut., 26 cent.

8 — DEUX CORNETS en ancienne faïence italienne. Ils sont
ornés chacun d'un aigle bicéphale aux ailes éployées.

Haut., 195 millim.

9 — VASE en ancienne faïence italienne, de forme ovoïde,
sur piédouche, muni de deux anses en forme de serpents.
Il est orné, sur la face, d'un sujet à personnages.

Haut., 50 cent.

10 — DEUX CORNETS en ancienne faïence italienne, décorés
chacun d'un médaillon à buste d'homme ou de saint personnage. Décor polychrome sur fond bleu.

Haut., 17 cent.

11 — PETIT CORNET en ancienne faïence italienne, orné d'un
médaillon-buste, d'une banderole à inscriptions et de
rinceaux feuillagés, en jaune sur fond bleu.

Haut., 16 cent.

12 — DEUX CORNETS en ancienne faïence espagnole, ornés d'un
écusson d'armoiries peint en bleu sur fond blanc.

XVI⁰ siècle.

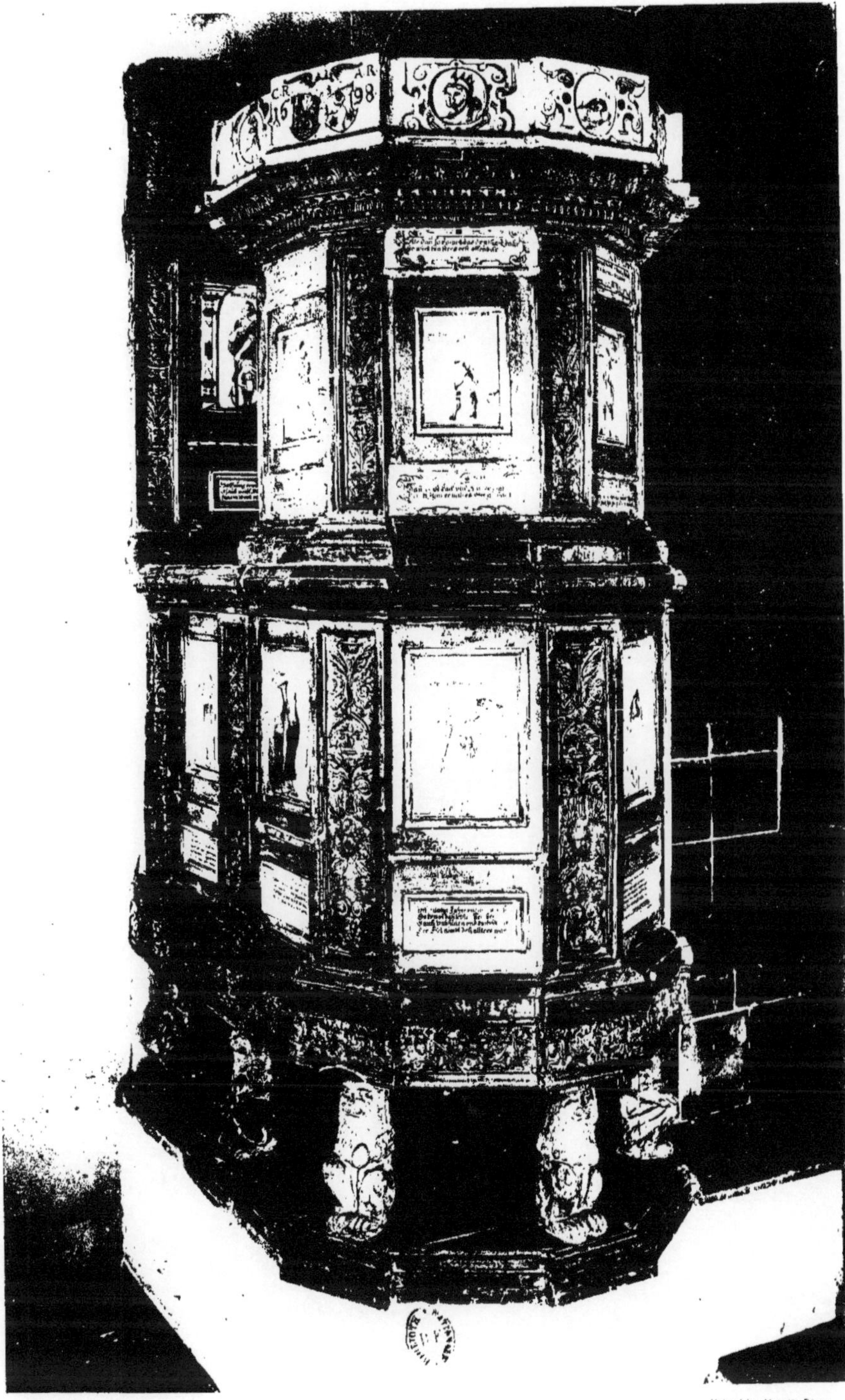

13 — QUATRE PETITS CARREAUX de poêle, en terre émaillée
ornée de mascarons accostés d'amours ailés.
   Allemagne, xvie siècle.

Larg., 245 millim.

14 — CARREAU de poêle, en terre vernissée, émaillé vert, présentant un buste de femme de profil à gauche.
   Allemagne, xvie siècle.

Larg., 22 cent.

15 — DOUZE CARREAUX de poêle, en terre émaillée en couleurs,
représentant chacun un personnage allégorique en bas-
relief, debout et tenant un attribut. A la partie supérieure, une demi-coquille et divers ornements feuillagés.
   Allemagne, xvie siècle.

Haut., 55 cent. environ.

16 — GRAND POÊLE d'aspect monumental, de forme hexagonale,
en carreaux de faïence allemande, à décor de personnages
accompagnés d'inscriptions, en couleurs sur fond blanc.
Les pilastres et les encadrements sont en faïence émaillée
en bleu et en vert, à motifs de rinceaux, vases fleuris,
cornes d'abondance et têtes de chérubins. A la partie
supérieure, un double écusson d'armoiries portant un monogramme et la date 1698 Ce poêle, supporté par cinq pieds
en forme de lions, est complété par un revêtement de
carreaux de faïence de décor analogue, s'appliquant sur le
mur, et, sur l'un des côtés, sont trois marches également en
carreaux de faïence unie, servant de siège.
   Allemagne, fin du xviie siècle.

Haut., 2 m. 50; profond., 1 m. 25 ; larg., 1 m. 65.

Voir la reproduction, planche 1.

**Ce poêle a été démonté soigneusement, il sera vendu ainsi.
Il peut y avoir quelques restaurations, fêlures ou égrenures à certains
des carreaux.**

TERRES ÉMAILLÉES DES ROBBIA

17 — Haut-relief cintré à la partie supérieure, en terre émaillée
de l'atelier des Robbia, représentant l'Annonciation. Dans le
haut, le Père Éternel, sur une nuée portée par des chérubins.
Émaux de couleurs sur fond bleu-lapis.
Italie, xvie siècle.

Haut., 1 m. 28; larg., 87 cent.

Voir la reproduction.

18 — Haut-relief de forme ogivale, en terre émaillée de l'atelier
des Robbia, représentant la Vierge, assise, drapée et voilée,
vue à mi-jambes, tenant l'Enfant Jésus sur son genou droit.
Elle est entourée de quatre anges en prières. Émaux de
couleurs sur fond blanc.
Italie, xvie siècle.

Haut., 86 cent.; larg., 1 m. 10.

19 — Fragment de haut-relief, en terre émaillée de l'atelier des
Robbia, représentant Dieu le Père, vu à mi-corps, nimbé.
Émaux de couleurs bleus, jaunes et violets.
Italie, xvie siècle.

Haut., 42 cent.

20 — Bas-relief rectangulaire en terre émaillée de l'atelier des
Robbia, représentant une tête d'angelot de face.
Italie, xvie siècle.

Larg., 34 cent.; haut., 25 cent.

21 — Partie d'une statuette, en terre émaillée de l'atelier des
Robbia, représentant la Vierge à mi-corps, tenant de ses
deux mains l'Enfant Jésus, nu, une draperie autour des
reins.
Italie, xvie siècle.

Haut., 41 cent.

22 — Statuette, en terre émaillée de l'atelier des Robbia,
représentant sainte Madeleine agenouillée, tenant de sa main
gauche un vase à parfums. Émaux bruns, jaunes et verts.
Italie, xvie siècle.

Haut., 84 cent.

23 — PLAQUE de revêtement, en terre émaillée de l'atelier des
Robbia, représentant une rosace feuillagée, inscrite dans un
encadrement rectangulaire à décor d'oves et de moulures.
Italie, XVIᵉ siècle.

Haut., 37 cent.; larg., 48 cent.

24 — DEUX BOUQUETS de fleurs et de fruits, en terre émaillée de
l'atelier des Robbia. Émaux de couleurs.
Italie, XVIᵉ siècle.

25 — DEUX FRAGMENTS d'encadrement, en terre émaillée de
l'atelier des Robbia, représentant des guirlandes de feuilles,
de fleurs et de fruits. Émaux de couleurs.

Long., 1 mètre environ.

26 — PARTIE D'ENCADREMENT, en terre émaillée, en couleurs, de
l'atelier des Robbia, représentant deux guirlandes de fleurs,
de feuilles et de fruits, disposées de chaque côté d'une tête
de chérubin ailé.
Italie, XVIᵉ siècle.

Haut., 1 m. 20 environ.

ÉMAUX CHAMPLEVÉS ET PEINTS
DE LIMOGES

27 — PETITE COLONNETTE en cuivre champlevé et émaillé de
Limoges.
XIIIᵉ siècle.

28 — PLAQUETTE triangulaire, en cuivre champlevé, représentant
l'alpha et l'oméga et diverses rosaces fleuries. A la partie
supérieure, deux anges ailés.
Limoges, XIIIᵉ siècle.

29 — PETITE PLAQUETTE en cuivre champlevé et émaillé de
Limoges, représentant un ange aux ailes éployées, vu à
mi-corps, les mains jointes. A droite et à gauche, deux
rosaces à motifs feuillagés.
Limoges, XIIIᵉ siècle.

3o-31 — DIVERSES PETITES PLAQUETTES provenant de croix,
poupées de châsse, en cuivre champlevé et émaillé, de
Limoges.
XIIIᵉ siècle. (Douze pièces.)

32 — CHRIST en cuivre gravé, vêtu d'une jupe émaillée en
blanc et bleu lapis.
Limoges, XIIIᵉ siècle.

33 — DEUX PETITS CHRISTS byzantins, en cuivre gravé, à jupes
émaillées.
Limoges, XIIIᵉ siècle.

34 — PETIT MÉDAILLLON en argent. Il est orné de deux plaques
en émail peint de Limoges, représentant le Baptême du
Christ et saint Jérôme.
XVIᵉ siècle.

35 — PETIT MÉDAILLON en métal ciselé, contenant deux plaques
en émail peint de Limoges. L'une représente l'Annonciation,
l'autre la Résurrection du Christ.
XVIᵉ siècle.

36 — GRANDE PLAQUE ronde, en émail de Limoges, peinte en
couleurs, représentant saint Jean-Baptiste, vu à mi-corps,
tenant l'agneau et l'étendard. Au revers, signature de Baptiste
Nouailher, à Limoges.
XVIIᵉ siècle.

37 — PETITE BOURSE en étoffe, garnie de deux plaques ovales
en émail peint de Limoges, du XVIIᵉ siècle, par Nouailher,
et représentant, l'une un buste d'homme, et l'autre un buste
de femme.

IVOIRES

38 — PETIT VOLET de triptyque, en ivoire sculpté, représentant
la Vierge, saint Joseph et l'Enfant Jésus. A la partie
supérieure, un ange agitant un encensoir.
Art français, XIVe siècle.

39 — TROIS PETITS FRAGMENTS de diptyques, en ivoire sculpté,
à sujets saints.
Art français, XIVe siècle.

40 — COUVERCLE de coffret, en os sculpté, orné de personnages
civils jouant de divers instruments et d'un paon et d'un arbre.
Art italien, XVe siècle.

41 — PETIT GROUPE en ivoire sculpté, représentant la Madeleine
endormie à l'intérieur d'une grotte, au milieu d'un paysage
montagneux, animé de divers animaux.
Travail espagnol, XVIe siècle.

42 — PETITE STATUETTE en ivoire sculpté, représentant un enfant
nu, debout, le pied posé sur une tête de mort.
XVIIe siècle.

43 — PETITE FIGURINE de lion dressé, les pattes de devant posées
sur une boule.
Travail italien, XVIIe siècle.

44 — PETIT RETABLE en bois noir et ivoire, représentant la Vierge
sur une nuée, adorant l'Enfant Jésus.
Cadre de forme architecturale, agrémenté de têtes de
chérubins, de bases, de chapiteaux et de divers ornements en
ivoire sculpté.
Art italien, XVIIe siècle.

45 — Petit coffret de forme rectangulaire, en bois plaqué d'ivoire. Il est orné, sur le couvercle et au pourtour, de petits médaillons peints sur cuivre, représentant des figures allégoriques.

    Travail italien, xviie siècle.

BIJOUX EN OR ÉMAILLÉ

46 — Bijou pendeloque, en or émaillé, garni de pierreries et de perles, représentant le Saint-Esprit.

    Art espagnol, xvie siècle.

47 — Bijou pendeloque, en or émaillé en couleurs, garni de pierreries et de perles fines, représentant une biche passant vers la droite. Attache formée de rinceaux feuillagés.

    Art espagnol, xvie siècle.

48 — Petit bijou pendeloque, en or, représentant un navire, formé d'une perle baroque.

    xvie siècle.

49 — Bijou pendeloque, en or émaillé en couleurs, garni de pierreries et de perles baroques; il représente l'aigle d'empire aux ailes éployées.

50 — Bijou pendeloque, en or émaillé, garni de pierres de couleurs, représentant un dauphin.

51 — Bijou en or émaillé en couleurs et garni de pierreries. Il représente un monogramme suspendu à une couronne.

52 — Médaillon ovale, en or émaillé en couleurs et garni de pierreries. Il représente, au centre, sur une plaque de lapis-lazuli, le pélican nourrissant ses petits.

    Italie, fin du xvie siècle.

53 — Petit médaillon de forme ovale, en cristal de roche,
    garni d'appliques en or émaillé en couleurs.
        Italie. XVIe siècle.

54 — Petit médaillon formé d'un noyau sculpté, sur les deux
    faces, de deux bustes d'homme et de femme. Il est monté
    dans une garniture en or émaillé en couleurs, enrichie
    d'une perle fine.
        Italie. XVIe siècle.

55 — Petit bijou reliquaire, en or émaillé en couleurs, en forme
    de monument cylindrique ; il présente une petite figurine de
    saint personnage.
        Espagne. XVIe siècle.

56 — Petit médaillon en or émaillé en couleurs, contenant
    deux cristaux de roche églomisés, à personnages et vase
    fleuri.
        Italie. XVIe siècle.

57 — Petit bijou pendeloque, simulant un vase, en cristal de
    roche églomisé, avec monture en or.
        Italie. XVIe siècle.

58 — Petit bijou pendeloque, en or et perles baroques, formant
    une rosace suspendue à une couronne. Au centre du bijou,
    un très petit émail peint, représentant la Vierge et l'Enfant.
        Italie, XVIIe siècle.

59 — Très petit bijou pendeloque, en or émaillé en couleurs
    et garni de perles, contenant de petits bas-reliefs microscopi-
    ques en bois sculpté, à sujets religieux.
        Italie, XVIe siècle.

60 — Amulette en cristal de roche, représentant une main
    faisant la *fica*. Elle est garni d'une monture en or émaillé en
    couleurs, enrichie de pierreries.
        Espagne, XVIe siècle.

61 — PETIT CADRE ovale, en or émaillé en couleurs, garni de
moulures en cristal de roche incrusté d'émaux, et orné
d'une perle fine disposée en pendentif.

62 — BRANCHE de lis, en or émaillé en couleurs, garnie de
pierreries.
     xviie siècle.

63 — ÉPINGLE de cravate formée d'un buste de négrillon,
exécuté en pierre dure, et garni d'un turban et d'un
vêtement en or émaillé en couleurs.
     xviie siècle.

64 — PETITE CROIX en cristal de roche, contenant diverses
reliques. Elle est suspendue à une chaînette en or.
     Italie. xviie siècle.

65 — PETIT RELIQUAIRE de suspension, de forme quadrangulaire, en argent ciselé, doré et partiellement émaillé. Il
est garni de quatre plaquettes en cristal de roche, tailllées à
biseau.
     xviie siècle.
Haut., 105 millim.

66 — BAGUE en argent doré. L'anneau est surmonté d'un groupe
de quatre petits personnages représentant le Christ suivi
de ses disciples et guérissant un malade.
     xvie siècle.

67 — BAGUE en argent ciselé. L'anneau est surmonté d'une
petite chapelle à clocher surmonté d'une croix.
     xvie siècle.

68 — BAGUE en cuivre doré. L'anneau est gravé des clefs
de saint Pierre et d'une tiare. Le chaton est enrichi
d'une pierre blanche taillée à pans.

69 — Bague en cuivre doré, partiellement émaillé. Le chaton, gravé, est enrichi d'un cabochon de pierre bleue.

70 — Bague en cuivre doré. L'anneau, uni, est accosté de deux rosaces ajourées. Le chaton est gravé, sertissant une pierre plate incolore.

ORFÈVRERIE

71 — Petit reliquaire en cristal taillé à pans, laissant apercevoir des reliques. Il est compris dans une monture en argent doré, portée par quatre pieds griffes.
xve siècle.

Long., 9 cent.

72 — Christ en argent repoussé, peint et partiellement doré.
xvie siècle.

73 — Plaquette ronde, en argent repoussé, représentant Curtius se précipitant dans le gouffre.
Italie, xvie siècle.

74 — Grand coffret en argent repoussé et ciselé. Il est de forme rectangulaire, muni d'un couvercle taluté et surmonté d'un groupe, également en argent ciselé, représentant saint Michel terrassant le démon. L'intérieur est garni de broderies de soies de couleurs à décor de branches fleuries, d'oiseaux et de divers attributs religieux.
Art espagnol, xviie siècle.

Haut., 78 cent.

Voir la reproduction.

75 — GRAND COFFRET en bois noir, de forme rectangulaire,
à couvercle taluté, garni, sur toutes ses faces, de
plaquettes et de colonnes torses en cristal de roche,
et supporté par des pieds de même matière. Il est
orné également de plaquettes et d'appliques en argent
ciselé et ajouré, de décors variés. A l'intérieur, le fond
est pavé de pierres de couleurs serties dans une monture de cuivre gravé et doré.

Ancien travail italien.

Voir la reproduction.

Haut., 50 cent. ; larg., 61 cent.

76 — DEUX FLAMBEAUX formés de perles d'enfilage en cristal
de roche. Monture en argent gravé.

Italie, fin du XVIe siècle.

Haut., 48 cent.

77 — CROIX d'autel, formée de plaquettes en cristal, montées
en argent. Elle est posée sur une base en ébène garnie
d'appliques en argent découpé et de cabochons en pierres
de couleurs.

Italie, fin du XVIe siècle.

Haut., 68 cent.

78 — DEUX PETITES CUILLERS en pierre dure, garnies d'argent
doré.

XVIe siècle.

79 — CUILLER, couteau et fourchette en argent ciselé et doré,
à décor de têtes d'angelots.

XVIIe siècle.

80 — FOURCHETTE en argent ciselé et doré. Elle est munie
d'un cuilleron mobile de même métal.

XVIIIe siècle.

81 — TIMBALE en argent repoussé partiellement doré, à décor
de branches feuillagées et fleuries.

Travail allemand du XVIIe siècle.

Haut., 14 cent.

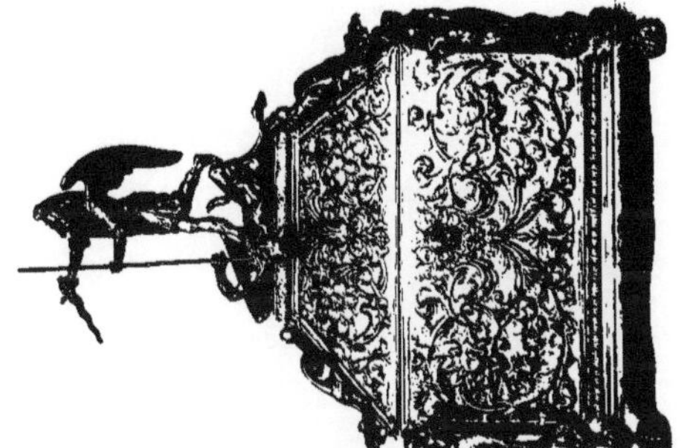

74

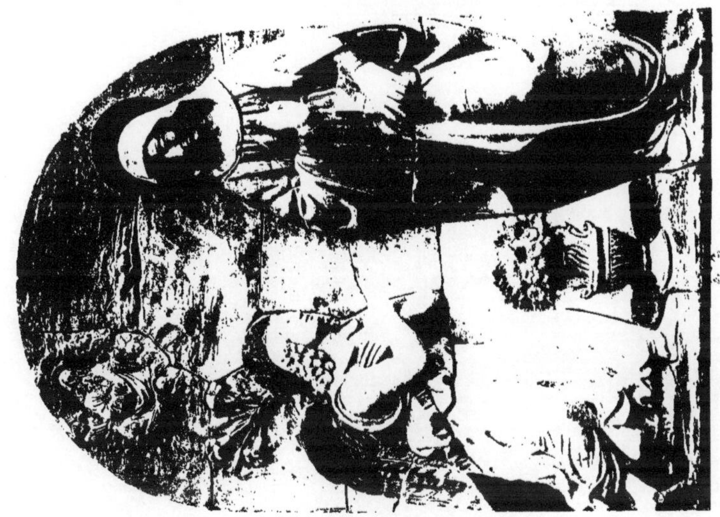

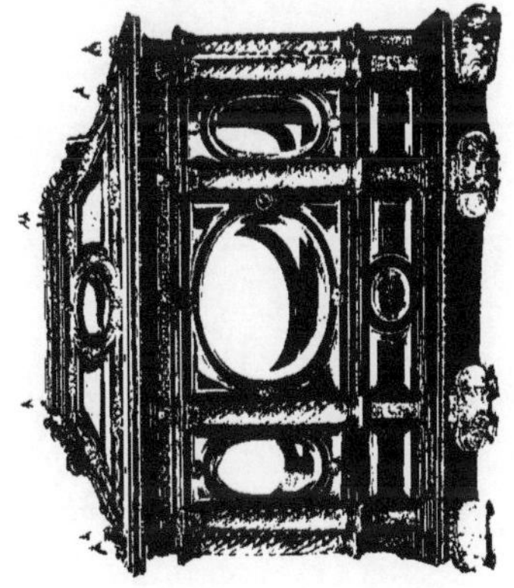

75

82 — TONNELET en bois. Il est muni d'une monture formée
d'une garniture intérieure et de cercles en argent doré.
A chacune des extrémités, un écusson d'armoiries gravé.
Travail allemand, XVIIe siècle.

Haut., 17 cent.

83 — PIÈCE de surtout, formée d'un char monté sur quatre
roues, en argent repoussé et doré, et orné, à l'avant, d'une
tête de dragon.
Travail allemand, fin du XVIIe siècle.

Long., 18 cent.

84 — PETITE COUPE en argent ciselé et doré, en forme de dindon.
Le corps de l'animal est formé d'un coquillage.
Poinçons de Nuremberg et des lettres HH liées. Travail
allemand.

Haut., 14 cent.

85 — PETIT GROUPE en argent ciselé et partiellement doré,
représentant une femme assise en croupe sur un cheval cabré.
Ancien travail allemand.
Métal à trèsbas titre.

Haut., 10 cent.

86 — STATUETTE en filigrane d'argent : chameau debout sur une
terrasse ovale talutée.
Ancien travail allemand ou oriental.

Haut., 23 cent.

87 — BOCAL en argent ciselé, repoussé, très ornementé. Il est
décoré, au pourtour, de bustes d'homme et de femme se
détachant en haut-relief dans des encadrements en cuirs
découpés. Le pied est décoré de mascarons et de cariatides
juxtaposés.
Travail allemand.

Haut., 195 millim.

88 — PETIT MODÈLE de navire à trois mâts, en argent ciselé,
gravé et partiellement doré. Il est disposé sur une base
ovale moulurée, surmontée de deux petits tritons chevau-
chant deux dauphins.

Haut., 195 millim.

2

89 — PETITE CRUCHE en ancienne porcelaine allemande, décorée
d'une figure allégorique de Saturne dévorant ses enfants.
Au pourtour, deux personnages grotesques. Monture en
argent gravé et doré. Sur le couvercle, une scène pastorale.

Haut., 115 millim.

90 — COUPE couverte, en bois, de forme surbaissée. Elle est
munie d'un bouton formé d'un escargot en argent ciselé et
partiellement doré. Elle est supportée par une tige de même
métal simulant une branche feuillagée. Base ronde en
bois garni d'argent.
　　Ancien travail allemand.

Haut., 24 cent.

91 — DEUX PETITES STATUETTES en bois sculpté, représentant un
paysan et une paysanne assis. L'homme porte un manchon,
la femme se chauffe les mains au-dessus d'une marmite et
tient un chat sur ses genoux. A son côté sont pendues des
clefs et une bourse en argent. Les socles de chacune des
statuettes sont garnis d'argent gravé.
　　Travail allemand.

Haut., 145 millim.

BRONZES, CUIVRES

92 — PETITE PLAQUETTE de l'école de Donatello : jeux d'amours.
Bronze.
　　Italie, XVIe siècle.

Molinier, n° 79.

93 — MÉDAILLE en bronze de Caracalla, par Giovanni Boldu.
Buste de profil à gauche : ANTONINUS PIUS AUGUSTUS. Au
revers, deux enfants nus, l'un d'eux appuyé sur une tête de
mort. En bas, la date 1466.

Diam., 85 millim.

94 — SEPT MÉDAILLES variées, en bronze et en plomb.
   Italie, XVIe siècle.

95 — STATUETTE en bronze patiné : lion debout, la patte droite
   antérieure levée.
   XVIe siècle.

96 — PETITE STATUETTE en bronze, présentant sainte Madeleine
   agenouillée, la tête levée vers le ciel.
   Italie, fin du XVIe siècle.

Haut., 12 cent.

97 — DEUX PETITES STATUETTES en bronze patiné, représentant
   Vénus et l'Amour, et une figure allégorique de l'Abondance.
   Italie, XVIIe siècle.

98 — DEUX PETITS GROUPES en bronze patiné, présentant des
   figures allégoriques.
   Italie, XVIIe siècle.

99 — DEUX PETITES STATUETTES en bronze doré, représentant
   deux saints personnages assis, tenant sur leurs genoux
   chacun un livre ouvert.
   Art italien, XVIIe siècle.

100 — SEPT PETITES PLAQUETTES provenant de boîtes d'horloges,
   en cuivre gravé et doré, ornées de divers attributs et de
   figures allégoriques.
   XVIe siècle.

101 — SIX PETITES FRISES en bronze ciselé et doré, à décor de
   jeux d'enfants, de sujets guerriers et bibliques.

102 — PETIT COFFRET en bronze doré, de forme rectangulaire,
   garni de plaques en verre. Il ouvre au moyen d'un couvercle
   à coulisse, enrichi de deux gros cabochons en cristal de roche.
   Italie, XVIIe siècle.

103 — Aigle dressé, les ailes à demi éployées, dévorant une proie.

Bronze italien, xviiᵉ siècle.

Haut., 17 cent.

104 — Quatre pieds de cabinet, en bronze ciselé et doré, figurant des lions rampant.

Fin du xviᵉ siècle.

105 — Deux lions couchés et un éléphant debout. Trois pièces en bronze patiné, d'ancien travail italien. Pieds de cabinet.

106 — Encrier formé d'un crabe. Bronze patiné.

107 — Encrier en bronze, formé d'un récipient rond soutenu par trois aigles aux ailes éployées. Il est muni d'un couvercle orné de mascarons et surmonté d'une statuette de Vénus, nue et debout.

Italie, xviᵉ siècle.

Haut., 21 cent.

108 — Encrier en bronze patiné, de forme triangulaire, reposant sur trois pieds formés de griffons ailés. Il est orné de guirlandes de feuillage et d'animaux.

Italie, xviᵉ siècle.

109 — Sonnette en bronze fondu. Elle est décorée de quatre médaillons au monogramme du Christ, séparés par quatre palmettes.

Italie, xviᵉ siècle.

Haut., 115 millim.

110 — Sonnette en bronze fondu. Elle est décorée, au pourtour, de deux écussons d'armoiries, de mascarons d'animaux et de feuillages.

Italie, xviᵉ siècle.

Haut., 85 millim.

Poignée rapportée, en forme d'anneau.

111 — QUATRE POMMES d'amortissement en bronze ciselé, à motifs feuillagés.
Italie, fin du XVIe siècle.

Haut., 11 cent.

112 — QUATRE GRANDS MOTIFS décoratifs en bronze patiné, représentant chacun un dragon ailé.
Ancien travail italien.

Haut., 45 cent.

113 — MORTIER en bronze. Il est orné, au pourtour, de nervures en forte saillie et muni de deux anses.
Ancien travail oriental.

Diam., 95 millim.

114 — MORTIER en bronze patiné. Il est décoré, au pourtour, d'une inscription en lettres gothiques, et muni de quatre petites anses pleines, en saillie.

Haut., 10 cent.

115 — FONTAINE en cuivre gravé, à décor d'armoiries et de rinceaux. Elle simule une tour crénelée.
Travail flamand, XVIe siècle.

116 — DEUX FLAMBEAUX en cuivre, à tige moulurée, reposant sur une base circulaire.
Travail flamand, XVIIe siècle.

117 — TRÈS GRAND PORTE-CIERGE en cuivre, à tige moulurée.

118 — PETIT LUSTRE flamand en cuivre, à six branches porte-lumières.

Haut., 52 cent

SCULPTURES

119 — TROIS PETITS FRAGMENTS en marbre sculpté en haut-relief,
provenant d'un sarcophage antique : sujets à personnages.
Art romain.

120 — BÉNITIER en pierre sculptée, formé d'un chapiteau décoré
sur trois côtés d'une frise de personnages.
Art roman. Midi de la France.

121 — GROUPE en pierre sculptée, représentant la Vierge assise,
voilée et couronnée, tenant l'Enfant Jésus assis sur son bras
droit.
Art français, commencement du xve siècle.

Haut., 76 cent.

122 — PETITE STATUETTE d'applique, en pierre sculptée avec
traces de polychromie, représentant sainte Catherine.
debout, couronnée, ayant à ses pieds l'Empereur Maximin.
(Provient d'un motif d'architecture.)
xve siècle.

Haut., 50 cent.

123 — STATUETTE en pierre sculptée, représentant saint Paul,
debout, tenant de la main droite un livre ouvert.
Base formée d'un petit chapiteau à larges feuilles.
Art français, xve siècle.

Haut. totale, 60 cent.

124 — MÉDAILLON rond, en pierre sculptée en haut-relief,
représentant le Couronnement de la Vierge.
Fin du xve siècle.

Diam., 54 cent.

125 — STATUETTE en albâtre sculpté : angelot vu à mi-corps,
tenant une banderole déroulée chargée d'une inscription
en lettres gothiques.
Fin du xve siècle.

Haut., 32 cent.

126 — PETIT GROUPE en pierre sculptée, représentant la Vierge, debout, couronnée, revêtue d'un ample manteau, tenant sur son bras gauche l'Enfant Jésus, assis et vêtu de long.

Art français, commencement du XVIe siècle.

Haut., 58 cent.

127 — STATUETTE en pierre sculptée et polychomée, représentant sainte Catherine, debout, couronnée, terrassant la fausse philosophie.

Art français, commencement du XVIe siècle.

Haut., 1 mètre.

128 — STATUETTE en pierre sculptée, représentant un angelot agenouillé, tenant un écusson d'armoiries.

Art français, commencement du XVIe siècle.

Haut., 54 cent.

La tête semble avoir été refaite.

129 — DEUX PETITES STATUETTES en pierre sculptée, représentant deux saintes femmes agenouillées, l'une en prière, les mains jointes ; l'autre tenant un livre ouvert devant elle.

Art français, XVIe siècle.

Haut., 50 cent.

130 — HAUT-RELIEF rectangulaire, en pierre sculptée. Il présente, disposés sous deux arcatures cintrées, une sainte femme vue à mi-corps, de face, tenant une palme de la main gauche, et un saint personnage vu également à mi-corps, tourné de trois quarts vers la gauche et lisant.

XVIe siècle.

Haut., 265 millim.; larg., 465 millim.

131 — BUSTE d'enfant en marbre blanc, couvert d'une draperie entrecroisée sur la poitrine.

Art italien, XVIe siècle.

Haut., 36 cent.

132 — QUATRE BAS-RELIEFS de forme rectangulaire, en marbre blanc sculpté, représentant chacun un saint personnage assis et lisant.

Travail italien.

Haut., 75 cent.; larg., 48 cent.

133 — BUSTE d'homme. La tête, en marbre blanc sculpté, repose sur un buste drapé en bronze patiné.

Base carrée quadrangulaire, en marbre blanc mouluré.

Travail italien.

Haut. totale, 65 cent.

134 — HAUT-RELIEF en albâtre sculpté, représentant une scène religieuse à trois personnages. Ils sont vus debout; la sainte femme, placée au milieu du sujet, tient ses gants de la main gauche.

XVIe siècle.

Haut., 30 cent.; larg., 25 cent.

135 — QUATRE PETITS BAS-RELIEFS en albâtre sculpté, représentant des scènes tirées de la Vie du Christ : le Baptême du Christ, Jésus portant sa croix, le Christ au Jardin des Oliviers et la Mise au tombeau.

Cadres en parchemin décoré.

Italie. XVIe siècle.

Haut. totale, 24 et 20 cent.

136 — HAUT-RELIEF en pâte polychromée, représentant la Vierge à mi-corps, tenant l'Enfant Jésus. Elle est posée sur une tête de chérubin aux ailes éployées. A la partie supérieure, deux anges ailés tiennent des draperies.

Cadre mouluré en bois.

Art italien, fin du XVe siècle.

Haut., 55 cent.; larg., 455 millim.

137 — HAUT-RELIEF en stuc polychromé, représentant la Sainte Famille en adoration devant l'Enfant Jésus.

Art italien, commencement du XVIe siècle.

Haut., 77 cent. ; larg., 76 cent.

138 — Bas-relief en terre cuite polychromée, représentant la
Vierge à mi-corps, tenant l'Enfant Jésus de ses deux mains.
   Cadre d'aspect monumental, en bois sculpté et peint, à
fronton cintré. Le soubassement porte une inscription : *Ave
Maria gratia plena.* Le cul-de-lampe est décoré d'une
armoirie.
   Art italien, commencement du xvi⁴ siècle.

Haut., 1 m. 10.

139 — Bas-relief en pâte polychromée, fixé sur un fond de
bois peint et doré, représentant la Vierge à mi-corps, drapée
et voilée, tenant l'Enfant Jésus sur son genou droit.
   Encadrement circulaire mouluré.
   Travail italien, xvi⁴ siècle.

140 — Bas-relief en stuc, avec traces de peinture et de dorure,
représentant la Vierge, drapée et voilée, tenant l'Enfant Jésus,
nu, sur son genou. Dans chacun des écoinçons, une rosace.
   Encadrement mouluré, orné de feuillages juxtaposés.
   Italie, xvi⁴ siècle.

Haut., 40 cent.; larg., 37 cent.

141 — Haut-relief de forme rectangulaire, en marbre blanc
sculpté, représentant la Vierge, assise, drapée et voilée,
tenant l'Enfant Jésus, nu et nimbé.
   Ancien travail italien.

Haut., 71 cent.; larg., 42 cent.

142 — Haut-relief de forme rectangulaire, en stuc polychromé,
représentant la Vierge, vue à mi-corps, portant l'Enfant
Jésus vêtu d'une chemise et tenant un oiseau. La Vierge est
voilée et nimbée, tournée légèrement de trois quarts vers la
droite.
   Ancien travail italien.

Haut., 79 cent.; larg., 55 cent.

143 — QUATRE PILASTRES quadrangulaires en pierre. Ils sont sculptés sur trois faces et présentent des vases fleuris, des dauphins, des mascarons, des sirènes, des fleurs et des oiseaux. Sur les côtés, des palmettes inscrites dans des entrelacs.

Ancien travail italien.

Haut., 1 m. 76 ; larg., 23 cent.

TABLEAUX

144 — École espagnole. xv⁰ siècle.

Deux panneaux présentant des scènes de la vie du Christ : La Flagellation; le Christ portant sa croix.

Bois.

Haut., 93 cent. ; larg., 68 cent.

145 — École espagnole. Fin du xv⁰ siècle.

La Vierge, debout, couronnée, tenant sur son bras gauche l'Enfant Jésus, nu et nimbé. Deux pilastres en bois sculpté à motifs gothiques forment l'encadrement.

Bois.

Haut., 65 cent.; larg., 38 cent.

146 — École espagnole. Fin du xv⁰ siècle.

Sainte femme debout, vue à mi-jambes, nimbée, vêtue d'un long manteau, tenant de la main droite un livre et de la main gauche une palme, symbole de son martyre.

Bois.

Haut., 1 m. 35; larg., 80 cent.

147 — École espagnole. Fin du xv⁰ siècle.

Partie de retable ornée de huit compartiments à sujets saints, disposés dans des encadrements à motifs gothiques contournés.

Bois.

Haut., 2 mètres env.; larg., 2 mètres.

148 — École espagnole. Commencement du xvie siècle.

Personnage assis, de face, vêtu d'un chaperon dont un pan lui retombe devant la poitrine. Il tient de sa main gauche des besicles, et de la main droite une banderole déroulée portant une inscription.

Cadre mouluré orné de motifs feuillagés dorés.
Bois.

Haut., 1 m. 13; larg., 84 cent.

149 — École flamande. xvie siècle.

Portrait d'une dame âgée, la tête couverte d'un bonnet et d'un voile de lingerie retombant de chaque côté des épaules. Dans le coin supérieur, traces diverses, écusson d'armoiries avec devise.

Cadre mouluré orné d'une inscription.
Bois.

150 — École primitive italienne. xve siècle.

Deux volets de retable en bois peint, présentant quatre compositions religieuses à personnages, tirées des scènes de la vie du Christ.

Haut., 41 cent.; larg., 185 millim.

151 — École italienne. Commencement du xvie siècle.

Quatre peintures, compositions à personnages tirées de la vie d'un saint. Elles proviennent d'un devant de cassone et sont marouflées sur toile.

VITRAUX

152 — Deux vitraux en couleurs, compositions à petits personnages, figurant : l'un, la Présentation au Temple, l'autre, le Massacre des Innocents.

Travail français. En partie du xive siècle.

Haut., 65 cent.; larg., 62 cent.

153 — Vitrail peint en couleurs, représentant le Christ en croix,
entouré de la Vierge et de saint Jean. A l'arrière-plan, vue
de Jérusalem.
Art français, xvie siècle.

Haut., 60 cent.; larg., 89 cent.

154 — Vitrail peint en couleurs, représentant un donateur
agenouillé, de profil à droite, devant un prie-dieu
ornementé d'un écusson d'armoiries. Derrière lui, un saint
évêque, debout, crossé et mitré, les mains jointes. A la
partie supérieure, sur une nuée, des anges musiciens.
Art français, xvie siècle.

Haut., 1 mètre; larg., 56 cent.

155 — Vitrail peint en couleurs, représentant un saint personnage, nimbé, agenouillé de trois quarts vers la gauche,
tenant un cierge de la main droite. Derrière lui, deux
bergers, dont l'un joue de la cornemuse. A la partie supérieure, un ange tenant une banderole à inscription. Partie
d'un vitrail figurant la Nativité.
Art français, xvie siècle.

Haut., 1 m. 12; larg., 50 cent.

156 — Vitrail en couleurs, représentant un roi, debout et
couronné, tenant un badelaire dans sa main droite. Près de
lui, deux bergers.
Art français, xvie siècle.

Haut., 96 cent. ; larg., 81 cent.

157 — Vitrail peint en couleurs, représentant un personnage
vêtu d'un somptueux costume, agenouillé au milieu d'un
paysage boisé agrémenté d'animaux. Saint Hubert (?)
Art français, xvie siècle.

Haut., 1 m. 05; larg., 66 cent.

158 — Trois vitraux peints en couleurs, représentant des compositions à nombreux personnages, figurant l'Adoration des
Rois Mages, la mort de la Vierge. A la partie supérieure, un
motif architectural de style gothique.
En partie du xvie siècle.

Haut., 1 m. 63; larg., 56 cent.

OBJETS VARIÉS

159 — CEINTURE formée d'un galon enrichi de plaquettes en
cuivre ciselé et doré, à décor de rosaces et de bustes de
femmes.
> XVIIe siècle.

160 — PETITE CROIX en cuivre peint, simulant un tronc
d'arbre. Elle est ornée d'un crucifix en cuivre doré et
d'une applique représentant la Vierge et l'Enfant.
> Italie, XVIIe siècle.

161 — BÉNITIER en cuivre doré et gravé, orné d'appliques en
corail rouge et en émaux blancs. A la partie centrale, deux
saints personnages surmontés d'une figure du Père Éternel.
> Travail italien, XVIIe siècle.

162 — CINQ PETITS MÉDAILLONS, églomisés sous cristal de
roche, à sujets saints.
> Travail italien du XVIe siècle.

163 — HAUT-RELIEF en cire polychromée, représentant un saint
moine vu en buste, de face, revêtu d'un costume à capuchon.
> Art italien, XVIIe siècle.
> Cadre octogonal en bois mouluré.

164 — BAS-RELIEF en cire polychromée, représentant une
jeune femme à mi-corps, tournée de profil vers la droite.
Elle est somptueusement vêtue d'un costume à collerette de
dentelle et parée de bijoux.
> Travail italien, XVIIe siècle.

165 — MÉDAILLON en cire peinte et polychromée, représentant saint Joseph, vu à mi-corps, tenant l'Enfant Jésus.
> Travail italien, XVIIe siècle.
> Cadre mouluré en bois noir.

166 — Médaillon en cire peinte et polychromée, représentant
une jeune femme vue à mi-corps, décolletée, les yeux fermés.
Travail italien, xviie siècle.

167 — Médaillon en cire peinte et polychromée, représentant la
Vierge allaitant l'Enfant Jésus.
Travail italien, xviie siècle.
Cadre mouluré en bois noir.

FERS FORGÉS

168 — Grille de fenêtre, de forme convexe, à motifs d'enrou-
lements et de volutes.
Italie, xviie siècle.

Haut., 95 cent.; larg., 50 cent.

169 — Quatre petites potences en fer forgé et peint, à décor
de rinceaux, supportant une douille porte-lumière.
Travail italien, xviie siècle.

170 — Quatre grands porte-cierge, en fer forgé, à base triangulaire, à motifs de rinceaux et d'entrelacs.
Italie, xviie siècle.

171 — Lanterne en tôle dorée, de forme hexagonale, à décor
de feuillages. Elle est disposée sur un support de forme
triangulaire, en bois sculpté, à décor de feuillages.
Italie, xviie siècle.

172 — Lanterne de forme hexagonale, en tôle repoussée. Elle
est disposée sur un trépied en fer forgé, à motifs d'enrou-
lements et de volutes.
Italie, xviie siècle.

Haut. totale, 3 m. 30.

173 — Deux grands porte-cierge, formés d'une tige à pans
partiellement tordus, reposant sur un trépied à arcatures.
Fer forgé.

174 — **Deux grands porte-lumières** en fer forgé, montés sur une tige cylindrique reposant sur un trépied.
  Italie, xve siècle.

175 — **Très grande potence** en fer forgé, à motifs feuillagés. Elle supporte un petit écusson d'armoiries.
  Travail italien, xviie siècle.

176 — **Deux potences** en fer forgé et tôle peinte et dorée. Motifs feuillagés.
  Travail italien, xviie siècle.

177 — **Deux bras** porte-lumières en fer forgé, simulant une branche de feuilles.
  Travail italien, xviie siècle.

178 — **Six petits bras-appliques** en fer forgé, simulant une branche de lis.

179 — **Six petits lustres** en bois, garnis d'appliques porte-lumières, à motifs feuillagés, en fer forgé.
  Ancien travail italien.

180 — **Diverses pelles**, pincettes, pinces, tisonniers, en fer forgé; de modèles variés.

CADRES

181 — **Cadre** de forme rectangulaire, en bois sculpté, peint et doré. Il est orné, sur les montants, d'entrelacs, et sur la traverse, d'un vase disposé entre des rinceaux.
  Italie, xvie siècle.
                    Haut., 1 mètre; larg., 85 cent.

182 — **Cadre** en bois et pâte, sculpté et doré, à décor de rinceaux feuillagés et de colonnettes ornementées.
  Italie, xvie siècle.
                    Haut., 56 cent.; larg., 62 cent.

183 — CADRE en bois noir, à fronton cintré et coupé : les montants sont formés de deux colonnettes ornées d'une tête de chérubin et surmontées de chapiteaux dorés.

Italie, xvi⁰ siècle.

Haut., 72 cent. ; larg., 51 cent.

184 — CADRE en bois et pâte, sculpté, peint et doré. Il est décoré de rosaces et d'ornements géométriques rehaussés de dorure sur fond rouge. Les montants sont formés de deux colonnettes cannelées.

Italie, xvi⁰ siècle.

Haut., 61 cent. ; larg., 50 cent.

185 — CADRE d'aspect monumental, en bois et pâte, sculpté et doré, à décor de vase fleuri, de chimères et de rinceaux. L'ouverture, de forme cintrée, est flanquée de deux colonnettes engagées à décor d'enfants posés sur des guirlandes de feuillage.

Italie, xvi⁰ siècle.

Haut., 1 m. 04 ; larg., 82 cent.

186 — CADRE d'aspect monumental, en bois et pâte, sculpté et doré. L'ouverture, de forme légèrement cintrée, est ornée de feuilles juxtaposées et flanquée de deux colonnettes ornées de touffes de feuillage. A la partie supérieure, fronton triangulaire coupé.

Italie, fin du xvi⁰ siècle.

Haut., 83 cent. ; larg., 58 cent.

BOIS SCULPTÉS

187 — TABLEAU d'autel, en bois sculpté et peint. Il affecte la forme d'un monument à clochetons gothiques, orné de coquilles et de feuillages crispés. La partie inférieure, peinte, représente un autel sur lequel sont disposés des livres, des vases et divers accessoires.

Italie, xv⁰ siècle.

Haut., 1 m. 45 ; larg., 90 cent.

188 — G**ROUPE** en bois sculpté, peint et partiellement doré, représentant la Vierge, assise sur un trône, tenant sur ses genoux l'Enfant Jésus.

Art espagnol, xve siècle.

Haut., 55 cent.

189 — P**ETIT** G**ROUPE** d'applique, en bois sculpté, représentant la Vierge, debout, portant l'Enfant Jésus paré d'un volumineux collier.

Art flamand, fin du xve siècle.

Haut., 54 cent.

190 — P**ETIT** G**ROUPE** en bois sculpté, peint et doré, représentant la Vierge, debout, portant, sur son bras droit, l'Enfant Jésus vêtu d'une robe rouge.

Travail flamand, fin du xve siècle.

Haut., 36 cent.

191 — S**TATUETTE** en bois sculpté et peint, représentant un diacre debout, vêtu d'une longue robe plissée et d'un mantelet à capuchon.

Art italien, fin du xve siècle.

Haut., 1 m. 30.

192 — G**ROUPE** en bois sculpté, peint et doré, représentant la Vierge, debout, couronnée, revêtue d'un ample manteau, portant, sur le bras gauche, l'Enfant Jésus nu et bénissant.

Art allemand, commencement du xvie siècle.

Haut., 1 m. 40.

193 — S**TATUETTE** en bois sculpté et polychromé, représentant un ange debout, tenant un porte-cierge.

Commencement du xvie siècle.

Haut., 81 cent.

194 — S**TATUETTE** en bois sculpté et polychromé de saint Roch, debout, vêtu d'un volumineux chapeau, orné des clefs en sautoir et d'une coquille de pèlerinage.

xvie siècle.

Haut., 88 cent.

195 — GROUPE en bois sculpté, peint et doré, représentant un
saint personnage, assis devant un meuble et écrivant.
A ses côtés, un petit personnage, agenouillé, lui présente une
écritoire.
   Art espagnol, xvi⁰ siècle.

                                                    Haut., 70 cent.

196 — DEUX PORTE-CIERGE en bois sculpté et doré, à tige
moulurée, reposant sur des bases triangulaires.
   Italie, xvi⁰ siècle.

197 — STATUETTE d'applique, en bois sculpté et peint, représentant la Vierge, debout, drapée et voilée, les bras croisés
sur sa poitrine.
   Fin du xvi⁰ siècle.

                                                    Haut., 1 m. 15.

198 — GROUPE en bois sculpté et polychromé, représentant
saint Georges monté sur un cheval cabré.
   Fin du xvi⁰ siècle.

                                                    Haut., 1 m. 05.

199 — STATUETTE en bois sculpté, peint et doré, représentant
saint Jean-Baptiste, debout, vêtu de la peau d'agneau, tenant
de son bras gauche un livre.
   Art espagnol, fin du xvi⁰ siècle.

                                                    Haut., 45 cent.

200 — PETITE STATUETTE en bois sculpté, peint au naturel,
représentant l'Enfant Jésus, debout, nu et bénissant, tenant
de la main gauche la boule du monde. Les cheveux sont
rehaussés de dorure.
   Art espagnol, xvii⁰ siècle.

                                                    Haut., 41 cent.

BOISERIES

201 — POUTRE en bois sculpté en haut-relief. Elle présente, au
centre, un écusson chargé des instruments de la Passion
et soutenu par deux anges ailés. De chaque côté, les apôtres
vus en buste, tenant leurs attributs.
Art français. Bretagne, xv⁰ siècle.

Long., 3 m. 82.

202 — PORTE à un vantail, ornée de quatre panneaux gothiques.
Deux sont à parchemins repliés, les deux autres à fenestrages
et rosaces gothiques.
Art français, fin du xvᵉ siècle.

Haut., 1 m. 72; larg., 72 cent.

2o3 — PORTE à un vantail, en bois sculpté. Elle est ornée de
quatre panneaux, deux unis à la base, et deux sculptés de
vases fleuris, surmontés chacun d'une tête de chérubin.
Art français, xvɪᵉ siècle.

Haut., 1 m. 92 ; larg., 90 cent.

204 — PORTE à un vantail, en bois sculpté. Elle est ornée de
compartiments réguliers et de deux médaillons ornés de
têtes de bœuf. Encadrement mouluré.
Art français, xvɪᵉ siècle.

Haut., 1 m. 88; larg., 97 cent.

205 — PORTE composée de six panneaux en bois sculpté. Trois
présentent des bustes de personnages vus de face, et trois
autres des médaillons à palmettes.
Art français, xvɪᵉ siècle.

Haut., 1 m. 88; larg., 90 cent.

206 — NICHE en bois sculpté, peint et doré. Elle simule un
monument gothique à coupole décorée de fenestrages et de
rosaces.
En partie du xvᵉ siècle.

Haut., 2 mètres; larg., 1 m. 15.

207 — DEUX NICHES en bois sculpté. Le linteau est orné d'une
    tête en haut-relief accostée de rinceaux feuillagés terminés
    par des animaux fantastiques.
        Art espagnol, XVIe siècle.
                                        Haut., 1 m. 70; larg., 90 cent.

208 — DEUX PILASTRES en bois sculpté en haut-relief, décorés
    de trophées d'instruments de musique, de têtes d'angelots
    et de bouquets de fleurs suspendus à des rubans.
        Art espagnol, XVIe siècle.
                                        Haut., 2 m. 80; larg., 88 cent.

209 — DEVANT de coffre en bois sculpté, orné de deux panneaux
    à médaillons, présentant des bustes d'homme et de femme
    entourés de feuillages et de rinceaux. Pilastres ornementés,
    surmontés de chapiteaux feuillagés.
        Art français, XVIe siècle.
                                        Larg., 1 m. 38.

210 — DEUX PANNEAUX en bois sculpté en haut-relief, repré-
    sentant saint Jérôme et saint Paul debout, de face, tenant
    leurs attributs et disposés au milieu d'un riche encadrement
    à cuirs découpés, mascarons, cariatides, bouquets de fleurs
    et de fruits.
        Art italien, XVIe siècle.
                                        Haut., 88 cent.; larg., 46 cent.

211 — FRISE en bois sculpté, représentant la Vierge en buste,
    de face, entourée de têtes de chérubins et de guirlandes de
    feuillage.
        XVIe siècle.

212 — DEUX FRAGMENTS de frise en bois sculpté à décor de
    griffons, de mascarons, de cornes d'abondance, d'enfants et
    d'animaux.
        Fin du XVIe siècle.

213 — DEUX PANNEAUX rectangulaires en largeur, en bois poly-
    chromé, peint et doré, représentant les quatre Évangélistes.
        Travail espagnol, XVIe siècle.

214 — Deux panneaux en bois sculpté et ajouré, présentant
chacun un écusson d'armoiries inscrit au milieu d'une
couronne de feuillage.

    Ancien travail italien.

Haut., 12 cent.

215 — Panneau rectangulaire, en bois sculpté, représentant le
Christ mort, sur les genoux de la Vierge. Alentour, des
anges et des têtes de chérubins.

    xviie siècle.

Haut., 32 cent.; larg., 11 cent.

216 — Devant de coffre en bois sculpté, partiellement doré.
Il présente un encadrement rectangulaire, composé de
guirlandes de feuillages et de fruits. Les montants sont
formés par deux cariatides d'homme et de femme.

    Italie, fin du xvie siècle.

Haut., 50 cent.; larg., 1 m. 78.

217 — Devant de coffre en bois sculpté. Il est orné, sur la face,
d'un médaillon présentant un phénix au milieu des flammes.
Ce médaillon est disposé au milieu de larges rinceaux feuillagés et fleuris.

    Italie, xviie siècle.

Haut., 43 cent.; larg., 1 m. 85.

218 — Grande frise en bois sculpté et ajouré, représentant des
enfants nus jouant au milieu de larges rinceaux feuillagés
et fleuris. Au centre du panneau, deux colombes se bec-
quètent.

    Art français, xviie siècle.

Haut., 57 cent.; larg., 4 m. 13.

219 — Vingt-six balustres d'escalier en bois sculpté et ajouré
à motifs feuillagés, ornés chacun d'une étoile.

    Travail italien, xviie siècle.

    Cet ensemble est complété par divers balustres et des
panneaux de même style, mais unis, ainsi que par diverses
parties de main-courante en bois mouluré de même époque
et de même travail.

MEUBLES ET SIÈGES

220 — ARMOIRE ouvrant à quatre portes, chacune d'elles est
formée de quatre panneaux gothiques à parchemins repliés.
La partie supérieure est ornée d'une frise découpée et
ajourée, séparée par des clochetons. Sur les côtés, panneaux
à parchemins repliés.

Art flamand, en partie du xvᵉ siècle.

Haut., 2 m. 25; larg., 1 m. 90; prof., 80 cent.

221 — BASE de devant d'autel, de forme rectangulaire, en
bois peint en grisaille, représentant deux anges tenant un
ostensoir.

Travail italien, fin du xvᵉ siècle.

222 — GRAND BANC en bois sculpté. Il est orné, sur le dossier,
de sept panneaux à fenestrages gothiques. Le siège, formant
coffre, est orné de sept panneaux à parchemins repliés. Sur
chacun des côtés, trois panneaux à parchemins repliés.

En partie du xvᵉ siècle.

Long., 2 m. 85.

223 — ARMOIRE fermant à quatre portes. La partie inférieure,
ouvrant à deux vantaux, est ornée de panneaux moulurés.
Les montants sont cannelés. La partie supérieure, légèrement en retrait, est supportée par deux colonnettes balustres
et ferme à deux portes décorées de panneaux à médaillons
offrant, l'un un buste d'homme, l'autre un buste de femme,
inscrits au milieu de rinceaux et de divers ornements. Les
montants et le panneau central sont sculptés d'ornements
variés à vases fleuris, mascarons et guirlandes.

Flandres, en partie du xvıᵉ siècle.

Haut., 1 m. 90; larg., 1 m. 40; prof., 60 cent.

224 — STALLE basse à trois places, à montants sculptés
d'imbrications, ornements feuillagés, figures d'anges et d'animaux. Les miséricordes sont ornées de têtes d'angelots et
d'animaux.

En partie du xviᵉ siècle.

Haut., 1 m. 15 ; larg., 2 m. 25.

225 — TABLE Renaissance, de forme barlongue. Le piètement
est formé, à chaque extrémité, de deux colonnettes reposant
sur un patin ornementé et réunies par une traverse médiane
ornée également de trois colonnettes moulurées.

En partie du xviᵉ siècle.

Long., 1 m. 38 ; larg., 80 cent.

226 — TABLE à plateau rectangulaire disposé sur un piètement
en forme d'éventail uni. Un tiroir est aménagé dans la
ceinture.

Italie, fin du xviᵉ siècle.

227 — CASSONE en bois sculpté, à décor de godrons. Il est orné,
au centre, d'un écusson d'armoiries et, sur les angles, de
motifs feuillagés. Il repose sur quatre pieds griffes.

Art italien, fin du xviᵉ siècle.

Haut., 63 cent.; larg., 1 m. 68.; prof., 63 cent.

228 — CASSONE en bois sculpté et peint, à couvercle plat. Il est
décoré, sur la face, de trois panneaux : celui du centre
présente un écusson d'armoiries attaché par des rubans; les
deux autres panneaux, des paysages avec habitations.

Art italien, commencement du xviᵉ siècle.

Haut., 62 cent.; larg., 1 m. 38.

229 — VARGUEÑO ou cabinet espagnol. Il est muni, à l'intérieur,
de nombreux tiroirs en bois et pâte dorés avec incrustations
d'os gravé. Il repose sur un soubassement en bois sculpté
muni de quatre tiroirs. L'extérieur est orné de nombreuses
plaques de serrure, appliques, écoinçons et poignées en fer
ciselé et découpé.

Ancien travail espagnol, xviᵉ siècle.

Haut. totale, 1 m. 33; larg., 97 cent.

230 — CRÉDENCE en bois sculpté, fermant à deux portes et munie
de deux tiroirs. Elle repose sur un piètement à fond plein,
orné de figures grotesques servant de supports. Les vantaux
sont sculptés de figures allégoriques de divinités, d'amours et
de rinceaux feuillagés.

En partie du xvıᵉ siècle.

Haut., 1 m. 45 ; larg., 1 m 33.

231 — GRANDE ARMOIRE de sacristie, en bois sculpté, à deux corps.
Le corps du haut ouvre à cinq vantaux et est muni également
ment de cinq tiroirs. Le corps du bas ouvre à deux doubles
vantaux et un vantail simple. A la partie supérieure, le
linteau est orné de guirlandes de fleurs et de fruits séparées
par des chapiteaux ornementés.

Art italien du xvııᵉ siècle.

Haut. totale, 2 m. 90 ; larg. totale, 4 mètres.

232 — MEUBLE suisse, en marqueterie de bois de couleurs, à
décor de feuillages et de fruits. Il ferme au moyen de deux
vantaux superposés, séparés par une niche centrale contenant une fontaine en étain.

xvıııᵉ siècle.

Haut., 2 m. 25 ; larg., 70 cent.

233 — MEUBLE à hauteur d'appui, fermant à deux tiroirs
sculptés. orné de motifs gothiques.

Larg., 96 cent.

234 — TABERNACLE de forme triangulaire. Il ouvre à une porte
sculptée en bas-relief de la figure du Christ sortant du
tombeau. Sur les deux autres côtés, saint Paul et saint
Pierre tenant leurs attributs.

Art français, xvıᵉ siècle.

Haut., 96 cent. ; larg., 45 cent.

235 — TABLE à plateau rectangulaire, disposée sur quatre pieds
colonnettes réunis par quatre traverses.

Ancien travail italien.

Long., 1 m. 12 : larg., 40 cent.

236 — PORTE-LUTRIN en bois sculpté, orné de quatre fleurons en bronze ciselé et doré. Il est garni de velours rouge, clouté de cuivre.

Italie, XVIIᵉ siècle.

237 — PORTE-LUTRIN en bois sculpté, à décor de coquilles et de volutes. Il est garni d'une feuille de cuir fauve.

238 — GRANDE TABLE de forme barlongue, à rallonges coulissées. Elle est supportée par un piètement à colonnettes, réunies par des traverses.

XVIIᵉ siècle.

Long., 2 m. o5; larg., 77 cent.

239 — SUPPORT en bois sculpté et doré, orné, sur la face, d'un vase fleuri.

Art italien, XVIIᵉ siècle.

Haut., 1 m. 20.

240 — BERCEAU en bois sculpté, à décor de rosaces.
Ancien travail suisse.

Long., 1 mètre.

241 — QUATRE TRÈS GRANDS PORTE-CIERGE en bois et pâte, peints et partiellement dorés, à tiges ornementées, à motifs de feuillages, reposant sur des bases triangulaires dont les pieds sont formés par des chimères ailées.

Travail italien, fin du XVIIᵉ siècle.

Haut., 2 m. o5.

242 — CAQUETEUSE en bois sculpté et mouluré. Le siège est en forme de trapèze et repose sur un piètement à colonnettes réunies par des traverses.

France, XVIᵉ siècle.

243 — CAQUETEUSE en bois mouluré, à dossier rectangulaire, à siège en forme de trapèze, reposant sur un piètement à colonnettes réunies par des traverses. Les accoudoirs sont supportés par quatre colonnettes balustres.

France, XVIᵉ siècle.

244 — FAUTEUIL bas, à dossier rectangulaire mouluré. Siège en
forme de trapèze, supporté par un piètement à colonnettes
réunies par des traverses. Les accoudoirs sont supportés par
deux colonnettes balustres.
    France, XVIᵉ siècle.

245 — FAUTEUIL en bois mouluré, muni de deux accoudoirs
légèrement cintrés. Piètement à colonnettes réunies par des
traverses.
    XVIᵉ siècle.

246 — CAQUETEUSE formée d'un ancien panneau en bois sculpté,
orné d'une chimère. Le siège est en forme de trapèze, supporté par un piètement à colonnettes. Les deux accoudoirs
sont cintrés.

247 — FAUTEUIL à X, en bois sculpté, garni d'un coussin en
cuir fauve.
    Ancien travail italien.

248-249 — DEUX SIÈGES à X, à lamelles, de modèles légèrement
variés.

250-252 — TROIS FAUTEUILS en bois mouluré, à siège en forme
de trapèze reposant sur un piètement à colonnettes; les
accoudoirs cintrés sont supportés par des colonnettes
balustres.
    En partie du XVIᵉ siècle.

253 — DEUX CHAISES garnies de cuir au siège et au dossier.

254-255 — QUATRE ESCABEAUX en bois sculpté, de modèles
variés.

256-257 — QUATRE CHAISES en bois sculpté, de modèles variés.

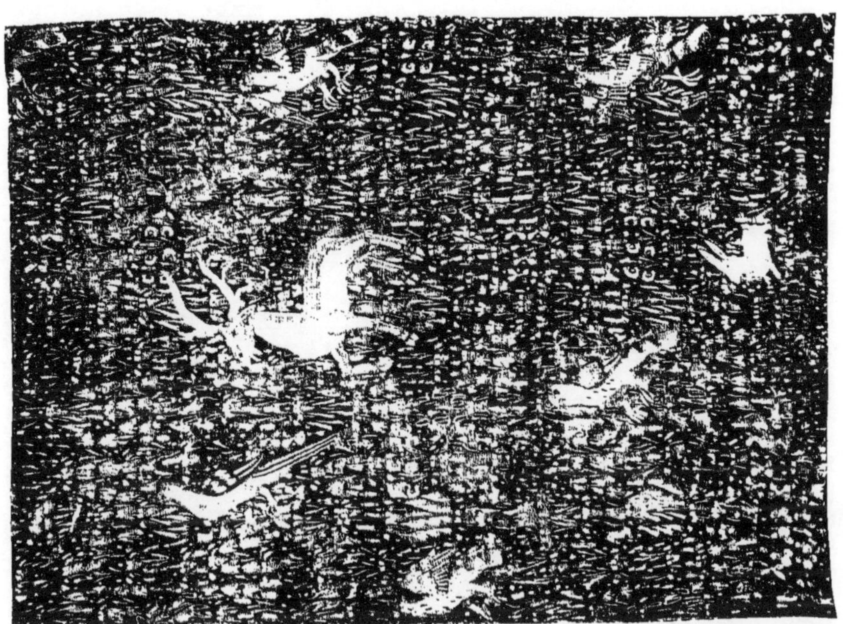

259

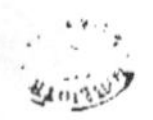

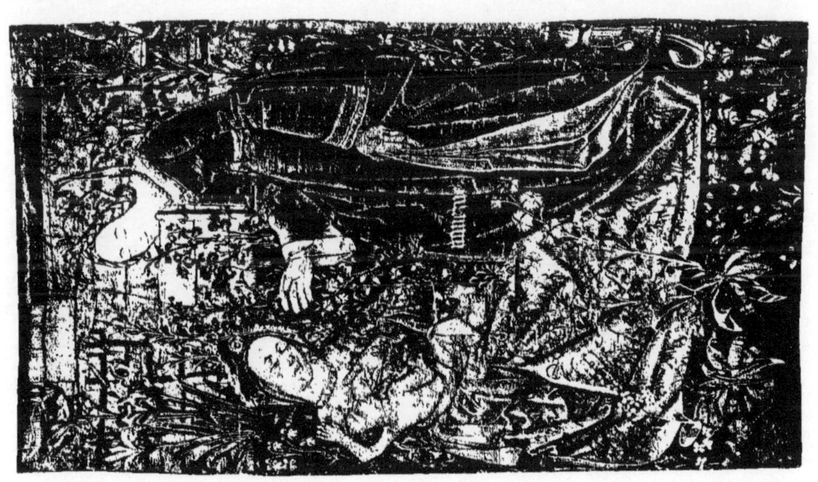

267

VITRINE

258 — VITRINE murale en fer et glaces, ouvrant à deux vantaux.
Elle est garnie, à l'intérieur, de quatre tablettes en glaces
disposées sur une monture à crémaillère.

Haut., 2 metres; larg., 1 m. 35; prof., 30 cent.

TAPISSERIES

259 — PANNEAU DE TAPISSERIE des Flandres, de la fin du xv⁰ siècle,
représentant un cerf, un lapin et divers oiseaux disséminés
sur un fond de fleurettes multicolores.

Haut., 1 m. 80; larg., 1 m. 30.

Voir la reproduction.

260 — TAPISSERIE des Flandres, de la fin du xv⁰ siècle, représentant une oie, des lapins et des oiseaux, au milieu d'un
champ semé de fleurettes multicolores sur fond noir. A
l'arrière-plan, paysage accidenté, avec nombreuses habitations.

Haut., 2 m. 50; larg., 2 m. 30.

261 — PARTIE d'une tapisserie des Flandres, de la fin du
xvᵉ siècle. Elle présente, sur un fond de fleurettes multicolores, une petite figure du Christ debout, nimbé, tenant
l'étendard crucifère.

Haut., 1 m. 70; larg., 1 m. 55.

262 — PETIT FRAGMENT de tapisserie, du commencement du
xvιᵉ siècle, représentant un chasseur tenant un épieu, accom-
pagné d'un cerf et d'un chien. Vue de château fort à l'arrière-
plan. Bordure à touffes de fleurs et de fruits du côté droit.

Haut., 1 m. 47; larg., 90 cent.

263 — Fragment de tapisserie des Flandres, du commencement du xvie siècle, représentant des branchages fleuris sur fond bleu, et chargés d'oiseaux. En bas, deux petits animaux. Encadrement en drap rouge.

Haut., 1 m. 80; larg., 1 m. 30.

264 — Petit fragment de tapisserie, du commencement du xvie siècle. Personnage vu à mi-corps, tourné de trois quarts vers la gauche, coiffé d'un chapeau rond, les cheveux longs tombant autour de sa tête. Il tient de sa main gauche la poignée de son épée. Bordure formée d'un galon bleu strié de jaune.

Haut., 75 cent.; larg., 83 cent.

265 — Petit fragment de tapisserie à personnages, du commencement du xvie siècle. Un homme, vêtu d'un long manteau vert, est assis, tourné vers la droite, les deux mains avancées, devant une crédence ornée de ferrures. A droite, deux femmes debout, à côté l'une de l'autre. Ces deux scènes sont séparées par une colonne.

Haut., 80 cent.; larg., 1 m. 05.

266 — Fragment de tapisserie flamande, du commencement du xvie siècle. Elle représente une fontaine située au milieu d'un parc agrémenté d'une pièce d'eau sur laquelle évoluent des canards. Au premier plan, deux personnages tiennent une biche morte par les pattes.

Haut., 2 m. 40; larg., 90 cent.

267 -- Panneau en tapisserie des Flandres, du commencement du xvie siècle, représentant la Vierge assise, allaitant l'Enfant Jésus. Debout près d'elle, sainte Anne, vêtue d'une longue robe rouge portant son nom en lettres gothiques, et tenant un voile de la main gauche. La scène se passe dans un jardin agrémenté de touffes d'iris, de branches de lis et de fleurettes multicolores.

Haut., 2 mètres; larg., 1 m. 10.

Voir la reproduction.

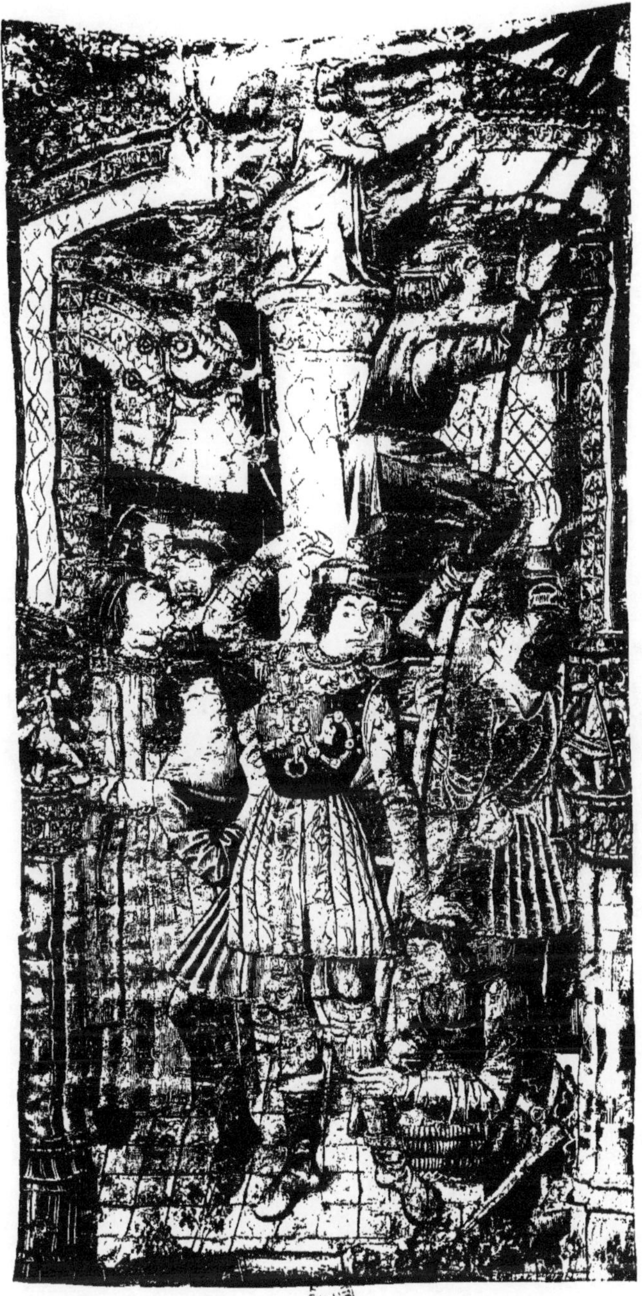

268 — Partie d'une tapisserie du commencement du xvie siècle, représentant un guerrier debout, de face, entouré de serviteurs occupés à lui ajuster une armure : l'un, à sa droite, lui boucle sa cuirasse; l'autre, agenouillé à sa gauche, fixe ses jambières. Dans le fond, sur une colonne, une statue ; à droite, un personnage est monté sur une échelle, que maintient un autre compagnon. A gauche, trois autres personnages. La scène se passe à l'intérieur d'une pièce à arcature trilobée soutenue par des piliers ornementés.

Haut., 3 m. 25; larg., 1 m. 65.

Voir la reproduction.

269 — Fragment de tapisserie flamande, du commencement du xvie siècle, représentant une partie d'un arbre de Jessé. Dans le haut, la Vierge à mi-corps, tenant l'Enfant Jésus. A gauche, le roi David. Sur le haut d'une tente, l'inscription : *Jessé.*

Haut., 1 m. 60; larg., 85 cent.

270 — Fragment de tapisserie du xvie siècle, représentant un personnage vu à mi-corps, de profil à droite, vêtu d'un vêtement bleu à crevés, et de chausses rouges tenues par des lanières.

Haut., 80 cent; larg., 63 cent.

271-272 — Deux tapisseries-verdures des Flandres, du xvie siècle, présentant de nombreux animaux au milieu d'un paysage boisé. En haut, au centre, un écusson d'armoiries soutenu par deux animaux avec la devise : *Agitur nec Frangitu.* Bordures à fleurs et fruits sur fond marron, sur trois côtés.

Haut., 2 m. 45 et 2 m. 40; larg., 3 m. 90 et 3 m. 45.

273 — Tapisserie des Flandres du xvie siècle. Elle représente un portique monumental, entouré de plantes à grosses feuilles crispées, chargées de fruits variés et de fleurs multicolores. Au milieu de la composition, un chien de chasse rapporte un faisan. Bordures à entrelacs sur fond jaune.

Haut., 3 m. 10; larg., 2 m. 50.

274-276 — TROIS TAPISSERIES du XVIᵉ siècle, représentant chacune une composition à grands personnages figurant des
scènes champêtres : la Cueillette des fruits, la Balançoire, et
des Bergers. Des légendes françaises, en lettres gothiques,
sont inscrites sur des banderoles, et sur chaque tapisserie
est un même écusson d'armoiries. Bordures incomplètes à
fond jaune, ornées de lacs et de monogrammes.

Haut., 2 m. 55; larg., 2 m. 80 et 3 m. 10.

TAPIS

277 — GRAND TAPIS espagnol, à fond vert mousse, chargé de
branchages et ornements stylisés en jaune et rouge.

Long., 4 m. 60; larg., 3 m. 80.

278 — TAPIS d'Orient, velouté, à ramages rouges et verts sur
fond blanc. Il est formé de quatre lés assemblés.

Long., 3 mètres; larg., 2 m. 10.

279 — DEUX PARTIES DE TAPIS d'Orient, décorées chacune de trois
rosaces de feuillages, sur fond vieux rose. Bordures vertes
sur deux côtés.

Long., 2 m. 60 et 2 m. 50; larg., 1 m. 50 et 1 m. 50.

280 — GRAND TAPIS de Perse, à fond rouge, décoré d'un médaillon
bleu chargé d'une quartefeuille. Dans le champ, quatre demi
rosaces à fond vert. Bordure bleue sur deux côtés.

Long., 5 m. 75; larg., 3 m. 10.

281 — GRAND TAPIS de Perse, à fond rouge, orné d'un médaillon
central à fond bleu chargé d'une quartefeuille. Dans le champ,
des médaillons à fond vert. Bordures bleues à palmettes
stylisées.

Long., 5 mètres; larg., 3 m. 10.

www.ingramcontent.com/pod-product-compliance
Ingram Content Group UK Ltd.
Pitfield, Milton Keynes, MK11 3LW, UK
UKHW031801170726
13836UKWH00003B/1103